AF185143

Volker Welter

Émile Zola
GERMINAL lesen

Ein Essay

© 2013 Volker Welter
Lektorat: Kay Zeisberg
Verlag: tredition GmbH, Hamburg
ISBN: 978-3-8495-4116-3
Printed in Germany
Auch als E-Book erhältlich.

Inhalt

Einleitung

Zolas Roman *Germinal* übt offensichtlich auch auf heutige Leser noch immer eine große, wenngleich ambivalente Faszination aus. Die Problematik unmenschlicher Arbeitsbedingungen in einer früheren Zeitphase des Kapitalismus, die nach einer bestimmten Lesart im Mittelpunkt des Romans steht, scheint zumindest in den wirtschaftlich fortgeschrittenen Ländern des Westens nicht mehr aktuell und eher von historischem Belang zu sein. Was also erklärt das weiter anhaltende Interesse an diesem Werk?

Wenn man sich auch auf eine politische Interpretation des Werkes beschränkt, erstaunt doch die Bandbreite der Deutungen Émile Zolas, die vom engagierten Verteidiger der Arbeiterklasse bis zu deren offenen Verächter reicht. Die politische Deutung von *Germinal* ist jedoch nur eine mögliche Lesart oder Interpretation des Werkes. Die verblüffend vielfältigen Deutungen bewegen sich in einer Zone, die ökologische, feministische, antifeministische, mythologische, psychologische Lesarten zulassen und selbst die Klassifikation als Trivialliteratur nicht vollkommen ausschließen. Sollte sich am Ende die Wirklichkeit, als deren wissenschaftlicher

Dokumentar und Ethnograph sich der Schriftsteller Zola (zumindest in seinem Selbstanspruch) sah, als wesentlich ambivalenter und doppelbödiger präsentieren als es in den Intentionen des Autors lag? Ist es nicht vielleicht auch gerade ein Merkmal großer Literatur so viele Bedeutungs- und Interpretationsebenen zuzulassen? Oder sagt die Vielfalt der Lesarten vielleicht mehr aus über die Pluralität und Differenziertheit der heutigen Literaturkritik? Mit anderen Worten: So unwahrscheinlich oder ketzerisch das für manche klingen mag - vielleicht gibt es auch wissenschaftlichen Fortschritt in der Literaturkritik.

Germinal zeichnet sich durch gänzliche Abwesenheit von Humor und Ironie aus. Er ist kein Roman der Moderne. Das gilt in einem technischen Sinne: Es gibt keine inneren Monologe. Es gilt aber auch in einem weiteren Sinne, in dem Moderne verstanden werden kann, nämlich als die Botschaft, dass das Leben, das wir leben, nicht das eigentliche ist und dass unsere Wirklichkeitsvorstellung nur einen kleinen Teil der tatsächlichen Wirklichkeit umgreift (Engel 1997:333). Existenzielle Grunderfahrungen wie Liebe und Tod machen viele Personen in *Germinal*, aber diese Personen bleiben eigenartig flach und eindimensional (siehe auch Kommentare

8

heutiger Leser: Roof Beam Reader Juli 2012: 3, 6). Sie sprechen durch zum Teil dramatische Handlungen, aber sie bleiben leer, als ob sie keine Seele hätten. Und irgendwie wäre das dann auch wieder nur konsequent, da die Philosophie der naturalistischen Literatur zumindest in ihrer Verkörperung durch Zola Menschen eindeutig als durch Vererbung und Milieu bestimmt sieht. Aber ist es große Literatur, die da entstanden ist?

Politische und soziale Sichtweise

Im Vordergrund der meisten Interpretationen von *Germinal* steht der politische und soziale Inhalt, und es wäre in der Tat überraschend, wenn die Geschichte eines Minenarbeiterstreiks, die explizite und detaillierte Beschreibung der schockierenden Arbeits- und Lebensbedingungen der Minenarbeiter und die politischen Debatten und Diskussionen, die im Roman geführt werden, nicht als ein Hauptthema verstanden würden.

Émile Zolas Beschreibung der Arbeits-und Lebensbedingungen stützte sich auf eigene Recherchen. Der zu dieser Zeit bereits berühmte Pariser Literat reiste im Februar 1884 nach Anzin in Nordfrankreich, unterhielt sich mit Minenarbeitern und deren Frauen, besuchte ihre Häuser, nahm an gewerkschaftlichen Veranstaltungen teil und ging selber unter Tage. Der Streik, wie er in seinem Roman beschrieben wird, hat offensichtliche Ähnlichkeiten mit dem Minenstreik in Anzin im Jahre 1866 (Mitterand 2002), und selbst der Einsturz der Grube bezieht sich auf eine reale Katastrophe (Mitterand 2002). Der Bezug auf den Streik in Anzin wird auch dadurch glaubhaft, dass *Germinal* sich im Jahre 1866 abspielen muss, da der Roman erwähnt, dass die Minengesellschaft vor 106 Jahren etabliert wurde und das Gründungsdatum mit 1760 angegeben wird; wir befinden wir uns also im Jahre 1866 (Ahlberg 2008:6).

Wie stellen sich diese schockierenden Arbeitsbedingungen im Roman dar und in wieweit entsprechen sie der Wirklichkeit jener Zeit? Frauen und Kinder arbeiten in den Minen. Die Arbeit ist noch nicht mechanisiert. Einige Minenarbeiter müssen unter Tage bis zu zwei Kilometer gehen, um an ihre Arbeitsstätte zu gelangen. Die Kohle wird mit reiner physischer Muskelkraft gewonnen. Es gibt kaum Luftzirkulation, die Temperaturen können bis zu 50 Grad erreichen, sodass die Arbeiter und Arbeiterinnen manchmal fast unbekleidet arbeiten (Hallaran 1971:53):

> Zola (1974: 353): *An der Stelle, wo man hingelangt war, hatten die Schläge eine Durchschnittstemperatur von fünfundvierzig Grad.*
> Zola (1974: 356): *In diesem abgelegenen Gange gab es keine Lüftung. Man sah hier alle Arten von Dämpfen, die mit dem leisen Brodeln einer Quelle aus der Kohle aufstiegen, manchmal so*

reichlich, dass die Lampen zu erlöschen droh-
ten… diese schlechte Luft …diese tote Luft …
unten erstickende schwere Gase, oben leichtes
Gas, die sich entzünden und in einem einzigen
Donnerschlage alle Werkplätze einer Grube,
Hunderte von Menschen vernichten.
Zola (1974:357): *Nunmehr nackt, erbärmlich,*
zum Tiere erniedrigt, das im Straßenkot trot-
tet… arbeitete sie, die Lenden mit Schweiß be-
deck, dreckig bis zum Bauche, wie ein Drosch-
kengaul. Auf allen vieren kriechend schob sie ih-
ren Karren fort.

Mundschutz, um sich gegen die Gesundheitsge-
fahren des Kohlenstaubs zu schützen, gibt es nicht
(Stessl 2009:34). Die Einfahrbedingungen in den 600
Meter unter der Erde liegenden Schacht sind aben-
teuerlich. Étienne Lantier, die Hauptfigur des Romans, arbeitet zehn Stunden und steht früh mor-
gens um drei Uhr auf. Die Löhne sind zumindest
für Familien mit zahlreicher Nachkommenschaft
nahe am Existenzminimum:

Zola (1974:63): *War es möglich, dass man sich*
bei so schwerer Arbeit in diesen todbringenden
Gruben um Leben und Gesundheit brachte, ohne

auch nur die paar Sous für das tägliche Brot zu erwerben?

Nach der detaillierten Berechnung von Jenny Ahlberg (2008:13) würde sich der Jahresverdienst der zehnköpfige Minenarbeiterfamilie Maheu auf 2700 Franc im Jahr belaufen, ein Lohn, der nicht ausreicht bis um nächsten Zahltag (zweimal im Monat). Die Änderung der Berechnungsmethode der Löhne, die zum Ausbruch des Streiks führt, hätte für eine Arbeiterfamilie wie die Maheus einen Einkommensverlust von mehr als 50 Prozent zur Folge (Ahlberg 2008:14).

Obwohl das Haus von der Minengesellschaft für eine niedrige Miete gestellt wird und Kohle für die Heizung von der Minengesellschaft abgegeben wird, sind die Lebensumstände so prekär, dass für eine Familie wie die Maheus trotz Anbaus im eigenen Garten Hunger auf der Tagesordnung steht. Der Hunger ist ein Leitmotiv (Stessl 2009:45). Und in der Tat - nach Ausbruch des Streiks sterben Kinder des Hungertodes:

> Zola (1974:460): *Sie ist vor Hunger gestorben, deine Unglückstochter... Und sie ist nicht die*

einzige; nebenan habe ich noch eine gesehen...
Ihr braucht Fleisch, um gesund zu werden.

Es ist der Hunger, der am Ende die Arbeiter zum Abbruch des Streiks zwingt.

Ein Vergleich der Beschreibung der Lebensumstände und Arbeitsbedingungen in *Germinal* mit der historischen Wirklichkeit (einschließlich der Unternehmensgewinne und Dividenden der Minengesellschaft) zeigt ganz offensichtlich, dass Émile Zola in keiner Weise übertrieben hat.

> Ahlberg (2008:43): *La situation dans la réalité ne semble pas meilleure que dans le roman...Les dividendes à Anzin sont de la même classe que celles de Germinal. Entre 1873 et 1875, les actionnaires reçoivent la même somme que les actionnaires à Montsou reçoivent avant la grève. Les conditions de travail, le mode de logement, les salaires, les avantages avec les médecins, les pensions, le charbon, etc. et le contrôle que la Compagnie exerce dans Germinal correspondent avec la réalité.*

Der von William Gallois formulierte Anspruch (2005), Zola auch als historische Quelle zu lesen, erscheint angesichts einer solchen Analyse keineswegs ungerechtfertigt. Die häuslichen Lebensverhältnisse sind so beengt in der Familie Maheu, die als die paradigmatische Arbeiterfamilie herhält, dass das Bett im Schichtbetrieb benutzt wird. Private Intimität gibt es nicht.

> Zola (1974:19): ...*nichts von dem intimen Leben blieb verborgen, selbst nicht vor den Kindern.*

Es gibt kein Badezimmer. Mädchen wie Jungen waschen sich ohne Scham voreinander in einem Bottich in der Küche (Stessl 2009:50). Ein ständiger Zwiebelgeruch herrscht bei den Maheus vor wie auch die Mine von Salpetergeruch durchtränkt ist.

Zola kontrastiert die Lebensverhältnisse der Bourgeoisie über die Zustandsbeschreibung der Häuser und Wohnverhältnisse, die Kleidung und das Benehmen sowie die Ernährung (Aydin 2005:5). Das im Roman oft benutzte Stilmittel der Kontraste und binären Gegensätze kommt voll zur Geltung.

Aydin (2005:5): *On constate de nombreux effets d'opposition entre les conditions de vie et de travail des mineurs et le calme égoïste des rentiers. La composition du récit oppose la cuisine des Grégoires, débordante d'ustensiles et de provisions au buffet presque vide des Maheu, la brioche et le chocolat des Grégoires à la poignée de vermicelle cuit à l'eau partagée entre les trois enfants des Maheu, la jeune bourgeoise, Cécile, l'unique fille des Grégoire, ‚trop saine, trop bien portante', après une nuit de douze heures, à la jeune ouvrière, Catherine, ‚fluette', blême qui doit s'arracher au sommeil à quatre heures du matin.*

Zwei Universen werden beschrieben. Die Reduzierung der Löhne durch die Minengesellschaft wird in Zusammenhang mit einer Weltwirtschaftskrise gebracht.

Zola (1974:24): *In Indien hat es eine Hungersnot gegeben... Amerika hat aufgehört, Schmiede- und Gusseisen zu beziehen und dadurch unseren Hochöfen ein harten Schlag versetzt. Ein Stoß aus der Ferne genügt, um die Welt zu erschüttern.*

Trefflicher als der Unternehmer Deneulin, von dem das obige Zitat stammt, hätte man die Weltwirtschaft des Kapitalismus nicht zusammenfassen können: Globalisierung im 19. Jahrhundert.

Die wirtschaftlichen Zwänge der Kapitalverwertung führen letzten Endes auch in der Folge des Streiks zur Aufgabe des unabhängigen Unternehmers Deneulin, der im Gegensatz zur Aktiengesellschaft wirtschaftlich nicht überleben kann. Schließlich stellt sich in der Auseinandersetzung zwischen der Delegation der streikenden Minenarbeiter und Hennebeau, dem Geschäftsführer der Aktiengesellschaft, heraus, dass er am Ende nicht einmal der Entscheidungsträger ist:

> Zola (1974:257): *Ihr müsst dorthin gehen… Wo war das: dorthin? Ohne Zweifel Paris. Aber sie wussten es nicht genau: es wich in eine erschreckende Ferne zurück, in eine unnahbare, ehrfurchtgebietende Gegend, wo der unbekannte Gott thronte, in der Tiefe seines Tabernakels hockend. Niemals würden sie ihn zu sehen bekommen; sie fühlten ihn wie eine Macht, die von ferne auf den zehntausend Bergarbeitern von Montsou lastete.*

Die Mystifizierung des Kapitals (Petrey 1976:65) ist bereits ein indirekter Hinweis auf das letztendliche Scheitern des Streiks. Diese symbolische Darstellung der Verwertungszwänge des Kapitals, die letztendlich alle erfasst, Unternehmer wie Arbeiter, gehört zweifellos zu den tieferen analytischen Einsichten Zolas in seinem Werk. Die direkten politischen Diskussionen hingegen, wie sie in den Bezügen auf Bakunin und Karl Marx auftauchen, wirken auf den heutigen Leser seltsam verstaubt. Man könnte eine treffende Charakterisierung, die Erwin Laath (1963:236) auf Zolas Gesamtwerk bezieht, auch hier anwenden:

> *Zolas vererbungssoziale Romanfolge verwittert vor unseren Augen.*

Gleiches ließe sich über Zolas immer wieder durchbrechende zeitgenössische und simplifizierte Interpretation und Reduzierung des Darwinismus auf den Kampf ums Dasein sowie seine Deutung der Vererbung als das alles Bestimmende sagen:

> Zola (1974: 607): *Sollte Darwin recht damit haben, dass die Welt nichts sei als ein Kampf, in dem die Starken die Schwachen verschlingen – nur um der Schönheit und Fortpflanzung der*

Gattung willen? ...Neues Blut würde die neue Gesellschaft bilden.

Zola (1974:583): *Das Bedürfnis zu töten erfasste ihn unwiderstehlich, ein physisches Bedürfnis, gleich dem Reiz der Schleimhaut, der einen Hustenanfall hervorruft. Es brach gegen seinen Willen hervor, unter dem mächtigen Drang des Erbübels.*

All das ist 19.Jahhundert, obschon nicht der beste Bestandteil dieses Jahrhunderts. Dass Zolas abenteuerliche Theorien wie Vererbbarkeit von Alkoholismus selbst heute noch Befürworter finden (so Mikysková 2008:28), spricht eher von der Unausrottbarkeit pseudowissenschaftlicher Vorstellungen, als dass es etwas zum Verständnis oder der Rechtfertigung von Zolas Werk beiträgt.

Der Streik der Minenarbeiter scheitert nach gewalttätigen Szenen und mehreren Toten. Was bleibt als Zolas Botschaft? Trotz des Scheiterns zeichnet Zola eine Zukunft, die einen potentiellen Sieg der Arbeiterschaft zu verheißen scheint. Der Roman schließt mit dem Satz:

Zola (1974:610): *Es drängten Menschen herauf, eine schwarze Rächer-Armee, die langsam in den*

Furchen keimte, die für die Ernten des künftigen Jahrhunderts emporwuchs und deren Keimen bald die Erde zum Bersten bringen sollte.

Obwohl der Roman sicher von vielen Zeitgenossen Zolas als revolutionäre oder zumindest sozialistische Botschaft verstanden wurde (Herrán 2005:793), bleiben Ambivalenzen. Aliaga-Buchenau weist treffend darauf hin, dass das Werk auf das Potential der Revolution hinweist, aber nicht notwendigerweise auf ihre Wünschbarkeit (p.20).

Andere Interpreten sind noch wesentlich kritischer gegenüber Zola und kritisieren ihn, nicht als sozialer Reformer zu wirken und seine Bücher nicht einmal in der Absicht geschrieben zu haben, zumindest die soziale Gesetzgebung zu beeinflussen (so Hallaran 1971:115). Zolas Selbstverständnis des Werkes als Werk des Mitleids (Girard 1955:523) schließt eine revolutionäre Intention aus. Vielleicht ging es Zola aber einfach nur ums Geld, ein Verdacht, der bereits im 19.Jahrhundert von manchen Kritikern geäußert wurde (Girard, Vlasta 1950:112).

Und mancher sieht Zolas letztendliche politische Botschaft als Unterstützung einer friedlichen Lösung des Klassenkampfes (Griffiths 2012:99). Eine

Szene in *Germinal*, in der der Ingenieur Négrel und Étienne Lantier sich nach geglückter Rettung in die Arme fallen, könnte sicher in eine solche Richtung gedeutet werden (Zola 1974:595).

Die politische Zwiespältigkeit, die in den Deutungen vorkommt, hängt auch mit der Beschreibung der Arbeiter in *Germinal* zusammen. Gestalten wie Jeanlin oder La Brûlée sind sicher abstoßend beschrieben, und da hilft es auch wenig, dass das Bürgertum in *Germinal* nicht viel besser wegkommt (Gely 1979:250, Fuller 1980:58). Obwohl von den mehr als 52 Personen des Romans (Abi-Aad 200:150) sowohl die Vertreter des Bürgertums als auch die der Arbeiterklasse, von wenigen Ausnahmen abgesehen, überwiegend in einem negativen moralischen Licht erscheinen, wird die Grenze zwischen menschlichem Moral- und tierischem Instinktverhalten eher von Arbeitern als von bürgerlichen Personen überschritten (Sandford 1990:117). Die Tiermetaphern zur Beschreibung der Arbeiter und ihres Lebens sind ein durchgängiges Muster und dienen keineswegs nur der Charakterisierung bestimmter individueller Charaktere: Mehr als 60 solcher Metaphern wurden gezählt (Barthèlemy 1993). Zolas Abwesenheit des inneren Monologs und die Flachheit der Charaktere weist daher vielleicht jenseits künstlerischer Unfähigkeit auf bösartige bürgerliche Vorurteile hin, die Arbeitern eine weniger differenzierte Innenwelt zugestehen.

Aber jenseits der Intentionen des Romanschriftstellers oder seiner unbewussten Botschaften und jenseits textimmanenter Interpretationen seines Werkes bleibt die Deutung *Germinals* als politische Botschaft oder Symbol der Arbeiterklasse und ihrer Unterdrückung ungebrochen - auch und vor allem bei den selbsternannten politischen Vertretern der Arbeiterklasse. Neuere Minenunglücke wie eine Minenexplosion in Alabama in September 2001 mit 13 getöteten Kohlenarbeitern oder die Katastrophe in den USA in April 2010 (29 tote Grubenarbeiter in West Virginia) werden sogleich mit heutigen Arbeitsbedingungen in Verbindung gebracht, die den in *Germinal* beschriebenen sklavenähnlichen Arbeitsbedingungen gleichen (Ratcliffe 2002, J.White 2011). Auch individuelle Arbeitsunfälle in Frankreich oder die weltweit verbreitete Kinderarbeit (Galois 2010) führen sofort zum Vergleich mit *Germinal* (Lutte Ouvrière 2004). Und es wird Zola gar unterstellt, dass *Germinal* für ihn ein sozialistischer Roman war (Bernhardt 2002). Angesichts der Ambivalenzen, die in Zolas Werk offensichtlich sind, ist es jedoch nicht überraschend, dass sogar bei der politischen Linken die Wertschätzung Zolas nicht ganz ungeteilt ist, wie Birchall (2002) herausarbeitet. Diese Position bleibt jedoch eher die Ausnahme. Die Einordnung *Germinals* als rote Lektüre (New Statesman 2009) bleibt die vorherrschende.

Feministische Sichtweise

Die Ambivalenzen einer politischen Sichtweise auf den Roman (mit den extremen Polen *Germinal* als sozialistischer Roman oder Zola als Verächter der Arbeiterklasse) finden sich gleichfalls in Lesarten des Romans als feministische oder antifeministische künstlerische Schöpfung wieder. Auf der einen Seite gesteht man Zola zu, der Frau psychologische Attribute des Mannes zuzubilligen und der Frau ein eigenes Innenleben einzuräumen (Studeničová 2010:66). Eine Romangestalt wie La Maheude erscheint ungewöhnlich robust und willensstark (Birchall 2002) und unterliegt einem Prozess des Bewusstwerdens ihrer eigenen Situation am Ende des Romans. Auch treten Frauen als Beherrscher ihrer Sexualität auf und als unabhängige Akteure (Aguilar 2005:113), die nicht mehr der Kontrolle ihrer männlichen Führer unterliegen (wie in der berühmten Kastrationsszene).

Auf der anderen Seite (und wir kennen diese Formulierung bereits von den ambivalenten politischen Deutungen *Germinals*) sind Frauen unterwürfig und betrachten regelmäßige Prügel von ihren Ehemännern und Vergewaltigung als Norm

(Shantz 1970: 26). Frauen werden porträtiert als Gebärmaschinen (Stessl 2009: 39). Die Bedeutung, die Zola der reproduktiven Kapazität der Frau oder deren Nichtvorhandensein (Sterilität) zuschreibt (Hennessy 2002:177), belegt letzten Endes, dass er sich von den traditionellen Rollenbildern schwer lösen konnte. Sandfords Schlussfolgerung (1990:65), dass *Germinal* letztlich weder ein maskulin chauvinistisches Werk noch eine feministische Kampfschrift darstellt, ist sicherlich zuzustimmen und ihr Etikett „radikaler Traditionalist" (1990:66), um Zolas Philosophie den Frauen gegenüber zu beschreiben, scheint mir besonders geglückt zu sein.

Ökologische Sichtweise

Umweltbewusstsein im weitesten Sinne (unter Einschluss solcher Strömungen wie Tierschutz- und Tierrechtsbewegung oder die Anerkennung von Berufskrankheiten) als politisch organisierte und artikulierte Weltsicht blieb der zweiten Hälfte des 20. Jahrhunderts vorbehalten, in welchem die fortschreitende Entwicklung des Industriesystems auf planetarer Ebene lebensbedrohende Ausmaße angenommen hat. Es wäre daher gewiss verfehlt, in Zolas *Germinal* Spuren einer ökologischen Sichtweise zu vermuten.

Überraschenderweise, wenn man die eher krude Psychologie Zolas bedenkt, findet sich in dem Werk aber eine erstaunliche Sensibilität gegenüber ökologischen Sichtweisen, und zwar auf drei unterschiedlichen Ebenen:

- in der Beziehung Erde / Mensch, indem ,Natur als Handelnder' (Ficarelli 2009:5) im Sinne einer Katastrophe auftritt, die auch auf menschliche Einwirkung oder Ausbeutung zurückgeht

- in der Auswirkung zerstörerischer Ausbeutungspraktiken der Natur auf die menschliche Gesundheit und
- in der Akzeptanz, dass Tiere Erinnerungen und Gefühle haben.

Die Erde erscheint als ein machtvoller Charakter (Scurr 2010), die Mine als Leviathan (Dreher 2002:10), Landschaftsmonotonie verweist auf die Monotonie der Arbeits-und Lebensverhältnisse (Ficarelli 2009:9) und Naturkatastrophen wie die Überschwemmung und der Einsturz eines Grubenschachts versinnbildlichen auch die Grenzen menschlicher Einflussnahme (Mitterand 1993:10). Oder – wie es Sandford (1990:3) formuliert:

> *...it is to explain the terrestrial fury in Germinal as a result of the violative effects of industry on the natural and human environment.*

In einem bestimmten Sinne ließe sich sogar Souvarines Zerstörung der Mine als verzweifelter Akt des Ökoterrorismus interpretieren. Das Bezeichnende dieses Aktes ist, dass die Zerstörung sich nicht direkt gegen die kapitalistischen Manager richtet, sondern gegen die Maschinerie des Industriesystems selbst.

Die zerstörerischen Auswirkungen der Minenarbeit auf die menschliche Gesundheit werden am Beispiel des pensionierten Arbeiters Bonnemort angedeutet. Sein ständiger Husten und die schwarze Spucke sind die offensichtlichsten Anzeichen der Staublunge. Anspielungen auf Kleinwuchs oder physische Deformationen (Jeanlin) werden so beschrieben, dass der Zusammenhang mit den Lebens- und Arbeitsbedingungen naheliegt.

Zola war mehr als ein Tierfreund (Le Blond-Zola 1956). Mit seinem Engagement für Tiere erscheint er als ein Vorläufer der modernen Tierschutzbewegung. Bei meiner ersten Lektüre von Germinal hat mich die Beschreibung des Grubenpferdes Bataille mit am meisten berührt. Zola gesteht Tieren Gefühle und Erinnerungen zu:

> Zola (1974:71) *Er fand an dem Genossen ohne Zweifel den Wohlgeruch der freien Luft, den längst vergessenen Geruch des von der Sonne beschienenen Grases ...zugleich die Schwermut über diesen neuen Gefangenen, der nicht mehr lebend an die Erdoberfläche gelangen sollte.*

Nicht nur heutigen Kritikern und Lesern springt diese Sensibilität für Tierschutzbelange ins Auge

(Scurr 2010, Davoine 1968:392, Nick 2012, Dreher 2002), auch Zeitgenossen Zolas bemerkten dies (so Bleibtreu 1885) - in letzterem Fall allerdings mit dem unerträglichen nationalistischen und antisemitischen Schrott des 19.Jahrhunderts beladen :

> *Seine Tier-Poesie... stammt aus der uralten germanischen Eigenart des heiligen liebevollen Mitleids mit dem Tier, welche allen Romanen und Semiten versagt ist.*

Psychologische Sichtweise

Es ist immer ein verführerisches Unterfangen, Texte eines Autors mit dessen Lebenswelt und persönlicher Biographie und Charakterstruktur in Verbindung zu setzen. Auch bei den Lesarten *Germinal*s mangelt es nicht an Exegeten. Ein Ansatz stammt von Marcel Girard (1972). Er spekuliert über die sexuellen Konnotationen, die Wasser in Zolas Werken hat. Die Überschwemmung der Mine und die Tatsache, dass erst in diesem Augenblick Étienne und Catherine zum sexuellen Akt schreiten, wird von Girard darauf zurückgeführt, dass Zolas erste sensuelle und sexuelle Erfahrungen mit dem Fluss seiner Kindheit (Arc) in Verbindung stehen: erotische Phantasien, die Wasser, aber auch Tod assoziieren.

Zolas Sichtweise der Frauen könnte sehr wohl in Zusammenhang mit seiner Schüchternheit (Studeničová 2010:24) stehen (siehe auch Hennessy 2002:178). In einem weiter gehenden Sinne könnte man sagen, dass sich Zolas Ängstlichkeit, die sich als Furcht vor Anarchie und sozialem Chaos in *Germinal* ausdrückt, dies vermittels eines erotischen

Subtextes tut (siehe Sandford 1990:11). Die Tatsache, dass zwei Erzählstränge miteinander verknüpft werden, der Streik und die Liebesgeschichte zwischen Étienne und Catherine, macht den Streik auch zum Männlichkeitsdrama, das in der tödlichen Auseinandersetzung zwischen Étienne und seinem Streikwidersacher und gleichfalls Rivalen um Catherine endet (Sandford 1990:15). Die Auseinandersetzung Étiennes mit Chaval hat eine offensichtliche homoerotische Komponente, und die Furcht vor Tod durch Penetration (Chavals Messer als destruktives Phallus-Substitut) bestimmt Étienne. Sein innerer Kampf, ob er die Auseinandersetzung mit seinem Rivalen aufnehmen soll, ist daher auch als Prüfung seiner nicht mehr hinterfragten Heterosexualität zu sehen (Sandford 1990:21). In einem allgemeinen Klima der Promiskuität wird die Entwicklung der Liebe von Étienne zu Catherine in Vorwegnahme Freud'scher Theorien als anfänglicher Triebverzicht entwickelt.

In einem noch weitergehenden Sinne (und vorweg gesagt - ich habe Verständnis, wenn einige Leser hier nicht mehr folgen) kann sexuelle Symbolik direkt mit dem Minenbetrieb in Verbindung gebracht werden: Die Lärm machende Maschine, die ständig in Bewegung ist, ist ein Symbol für den

Mann in sexueller Aufwallung, während die Erde den femininen Part spielt (Sandford 1990:36). Viele weitere sexuelle Konnotationen und Deutungen anderer Textstellen sind offensichtlich (weiteres in Sandford 1990).

Lesart Trivialliteratur

E s gibt einen gewissen Konsensus, was Trivialliteratur ausmacht. Die Grenzen zwischen Trivialliteratur und Hochliteratur sind aber fließend (Lambrecht 2004:22, 73). Die Einordnung *Germinals* als Trivialliteratur könnte sich auf eine Reihe von Indizien stützen: *Germinal* wurde als Feuilletonroman (Fortsetzungsroman in Zeitungen) veröffentlicht, in der Tat sämtliche Romane Zolas (Bognár 2004:201, siehe auch Schulz-Buschhaus 1976:7). Das allein macht aus einem Werk natürlich noch nicht einen Bestandteil der Trivialliteratur, es erhöhte aber ganz sicher den kommerziellen Druck, Unterhaltung zu produzieren. Kommerziellen Erfolg kann man Zola und ganz bestimmt seinem Werk *Germinal* nicht abstreiten. Es handelt sich um eines der erfolgreichsten Werke des 19. Jahrhunderts (genaue Statistiken in Bachleitner 1993:290, 291). Genauso wenig, wie *Germinals* Publikation als Feuilletonroman, ist aber auch der kommerzielle Erfolg des Werkes noch nicht ausreichend, um eine Einordnung als Trivialliteratur zu rechtfertigen; es weist jedoch auf eine gewisse Piste hin. Die außergewöhnliche Geschmacklosigkeit von Zolas Haus, dem nach jedem erfolgreichen Roman ein neues

Türmchen angefügt wurde (R.V. 1996), kommt der synkretistischen Mischung *Germinals* erstaunlich nahe. Pamphlet und Fakten und Kitsch werden bedenkenlos verrührt. Die schematisch typenhafte Zeichnung der Romangestalten erklärt, wieso keine der Gestalten *Germinals* in typischer sprichwörtlicher Allgemeinheit wie andere Gestalten der Weltliteratur weiterlebt (Grössel, Lukács zitierend, 1976). Selbst wenn man sicher richtig argumentiert, dass in diesem Werk Zolas die Masse der Bergleute der wirkliche Held sei (Köhler 2006:214), ist das obige Diktum auch für alle anderen Werke Zolas gültig.

Der melodramatische Stil Zolas, der das Buch als Filmvorlage geradezu prädestiniert, zeigt sich in der Verknüpfung der monochromen Wucht der Sozialschilderung mit den verkitschten Öldrucken der Liebeshändel und Verratsgeschichten (SZ 28.09. 2002). Der letzte Paragraph des Buches ist geradezu unerträglich in seinem schwülstigen Kitsch, vor dem heute, wie Juergen Ritte treffend bemerkt, selbst der schlimmste Hollywood-Streifen zurückschrecken würde (Ritte 29.09.2002). Ein weiteres gutes Beispiel für Zolas überhitzten Stil führt Koehler an: Zu einer Orgie in Bier und Schweiß und erhitz-

tem Fleisch muss dann auch noch ein Gewitter her-
halten, um die Atmosphäre anzuheizen und mit
Schwüle aufzuladen (Koehler 2006:218). Obwohl
Bondarenco (2007) vor den letztendlichen Schluss-
folgerungen ihrer Analyse zurückschreckt, weist
ihre Untersuchung doch auf die große Bedeutung
des Stereotyps in *Germinal* hin. Zolas Technik der
Zuspitzung, die sich sehr gut mit dem Exzess, der
Übertreibung der Tatsachen, Zustände und Eigenschaften verträgt (2007:109), ist die Technik der Trivialliteratur.

Wenig überzeugend scheint mir, wie es Essig tut
(2002), nämlich Pathos, Schwulst, Megalomanie,
Typisierung, überdeutliche Symbolik und den Ge-
brauch von Standardsituationen und Versatzstü-
cken auf den Schriftsteller als ‚Kind seiner Zeit' zurückzuführen. Theodor Fontane und Gustave Flaubert waren auch Kinder ihrer Zeit, lesen sich aber
immer noch ohne Peinlichkeit.

Mythologische Sichtweise

Einer bestimmten Lesart zufolge zeigt sich Zolas künstlerisches Niveau in *Germinal* darin, dass er Wirklichkeit in ein Theater archetypischer Kräfte transformiert (Nelson 2007:7). Es sei gerade die mythische Dimension, die Zola zu einem der größten Erzähler seiner Epoche mache (Pintilei 2010:199). Es sei unvermeidbar, dass selbst für Literatur, die sich im Selbstanspruch als authentische Dokumentation versteht, universelle Erzählstrukturen nachweisbar sind (Mitterand 2009:x).

Und in der Tat fällt es leicht, Szenen und Beschreibungen des Romans direkt mit archetypischen Phantasien der westlichen Zivilisation zu verbinden. Man nehme zum Beispiel die Essensszene der Familie Grégoire, die als Metapher des Abendmahls gedeutet wird, in der die Transsubstantiation des Blutes der Arbeiter in gewöhnlichen Wein als perverse kapitalistische Version der christlichen Liturgie inszeniert wird (Sandford 1990:113). Der Minenschacht Voreux, der die doppelte Metapher des Verschlingens und des Opfers darstellt (Hetzel 2006:258), eignet sich vorzüglich, die Parallelen zum Minotaurus-Mythos auszuarbeiten (so Sandford 1990: 113,114, Nelson 2007:7, Gengembre 1994, Davoine 1968:383, Aydin 2005:10), obwohl im Falle des Romans nicht der Held Étienne sondern sein Mentor Souvarine den Minotaurus tötet. Andere Romanszenen gewinnen mythische oder märchenhafte Dimensionen: die Versammlung der Arbeiter nachts im Wald unter Mondschein (Duchet 1976:39) zum Beispiel.

Die mythologischen Grundstrukturen sind jedoch nicht auf bestimmte Szenen beschränkt, sondern ziehen sich als Leitmotiv durch das Werk. Wie Gengembre herausarbeitet (1994), lassen sich neben dem kulturellen Gründermythos (Minotaurus-Symbolik) ein revolutionärer Mythos (Anklänge an die zur Entstehungszeit des Romans nur 15 Jahre zurückliegende Pariser Kommune, siehe auch Mitterand 1993:13) und persönliche Mythen Zolas rekonstruieren (seine Klaustrophobie, die immer wieder durchscheint und der Mythos der Fruchtbarkeit). Und natürlich folgt der Roman mit dem Beginn (Ankunft des Helden) und seinem Schluss (Abreise des Helden) dem narrativen abendländischen Modell des Abenteuerromans, des Bestehens von Prüfungen und Kämpfen (Mitterand 1972:166).

Textimmanente Sichtweise

Für die textimmanente Leseweise sind die Intentionen des Autors wie auch der offizielle Diskurs oder Fragen nach dem Wirklichkeitsgehalt des Inhaltes ohne Sinn. Eine der möglichen textimmanenten Lesarten ist es, wie Mitterand (1972) ein universelles Schema der sechs strukturellen Komponenten (einer jeglichen Erzählung) auf *Germinal* anwendet: Subjekt, Objekt, Sender, Empfänger, Zusatzwirkstoff (adjuvant) und Widersacher. Die Anwendung eines solchen Schemas auf die Personen in *Germinal* identifiziert Étienne Lantier als das Subjekt, und La Maheude als das sekundäre Subjekt. Das Objekt (der Begierde) ist Catherine. Die Eroberung der Frau durch eine Person steht dann allegorisch für die Eroberung des Glücks durch eine soziale Klasse. Der Sender (destinataire) wäre die Geschichte, symbolisiert als die Naturkatastrophe der Überschwemmung, die letztendlich Étienne und Catherine zusammenbringt. Der Empfänger, so Mitterand (1972), wäre das Volk, der Widersacher die Bourgeoisie.

Andere textimmanente Schemata werden von Claude Duchet (1976) oder Sandy Petrey (1976) und Anna Bondarenco (2007) vorgeschlagen. Alle diese recht geistreichen textimmanenten Auslegungen zielen auf Strukturmuster ab, die die interne Logik der Personen, Ereignisse und sprachlichen Muster herausstellen. Die tiefe Kluft zwischen Arbeiterschaft und Bourgeoisie, die als grundlegende Dichotomie in *Germinal* auf allen möglichen Ebenen erscheint (Nahrung, Wohnung, Geruch, Kleider, Aussehen) wird durch die textimmanente Lesart glänzend auf der sprachlichen Ebene entlarvt:

> Duchet (1976:32) *...la parole ouvrière est une parole constrainte. Soumise au corps, elle en connaît les fatigues et la lassitude la brouille souvent au cours du récit. Les conditions de travail y marquent leur empreinte.*

Es ist auch die textimmanente Lesart, die nahelegen könnte, dass Zolas Vorgehensweise Ähnlichkeiten zum Kolportageroman und zur Kitsch- und Trivialliteratur hat. Man vernehme Bondarenco (2010:109):

> *E. Zola a construit son œuvre en exploitant au maximum l'intensification, celle-ci s'accordant avec l'excès, l'exagération des faits, des états, des qualités...*

Zur Bedeutung einiger Namen

Der Titel des Romans *Germinal* hat eine doppelte Bedeutung. Er steht einmal für den Monat April, wie er im französischen Revolutionskalender benannt wurde, dann aber gibt es auch einen Bezug auf das Aufkeimen der Pflanzen im Frühling (Wikipedia 2013). Der offensichtliche Bezug ist die Parallele zu dem erweckten Bewusstsein der Minenarbeiter im Sinne der sozialen Konfrontation und der Bewusstwerdung ihrer Lebensumstände. Für französische Leser des 19. Jahrhunderts rief der Titel auch Assoziationen der Revolutionsgeschichte wach: Frühling, Hunger, Revolte und letztendlich Niederlage des Volkes (Mitterand 2002). Auch andere Namen im Werk sind nicht zufällig gewählt. Bereits der Name der Grube *Voreux* symbolisiert die Metapher der Grube als verschlingendes Monster (Brians 2005, Stessl 2009:45).

Tiere haben Namen. Der Name des Grubenpferdes *Bataille* (Schlacht bedeutend) steht für die große Arbeitsbelastung des Tieres in der Grube, das seit mehr als 10 Jahren als Zugtier benutzt wird. Auch der Name des neuen Grubenpferdes *Trompette* ist keine zufällige Schöpfung des Autors. Die deutsche Übersetzung *Trompete* spielt auf die panische Angst des Tieres an. Der Name des Kaninchens *Pologne* (Polen) hat jenseits der Ähnlichkeit, die der Autor zwischen dem Tier und Minenarbeiterinnen zieht (Fuller 1982), einen offensichtlichen politischen Bezug. Der Besitzer des Kaninchens ist der Exil-Russe Souvarine. Polen war zur Zeit des Romans von Russland besetzt. Die Hilflosigkeit Polens gegenüber Russland entspricht dem Ausgeliefertsein des Kaninchens gegenüber seinem Besitzer.

Es gibt weitere Namensgebungen im Roman, die offensichtliche Anspielungen enthalten. *Montsou*, der Sitz der Kohlenmine, bedeutet ‚Berg der Pfennige' und hat eine ironische Konnotation, da die Minenarbeiter nicht viel Geld verdienen (Ahlberg 2008:5).

Der Großvater der Arbeiterfamilie Maheu, die eine bedeutende Rolle im Roman spielt, heißt *Bonnemort*, was wörtlich mit schönem Tod zu übersetzen ist. In der Tat kann der Tod für diesen ehemaligen Minenarbeiter, der an schwerer Lungenkrankheit leidet, nur noch schön sein. Da er dreimal knapp dem Tod in der Mine entging, ist *Bonnemort* ein ironisch gemeinter Spitzname.

Der Rivale Étiennes um die Gunst Catherines und einer seiner Widersacher im Streik heißt *Chaval*. Die Aussprache ähnelt dem französischen Wort *cheval* (für Pferd) und soll die animalisch primitive Seite des Widersachers von Étienne verdeutlichen.

Der geizige und gierige Ladenbesitzer *Maigrat* hat einen Familiennamen, der dem französischen *maigre* ähnelt, was als ‚mickrig' übersetzt werden könnte. Die Namensgebung ist also ein Verweis auf den Charakter (Brians 2005).

Und der Name *Tartaret* (für Griechisch Tartarus, Hölle) soll die unmenschlichen Arbeitsbedingungen (Hitze und Leiden) symbolisieren (Brians 2005).

Charakterbeschreibungen und Plots

Die Struktur der Geschichte ist vergleichs-
weise einfach. Étienne Lantier kommt in
Nordfrankreich an auf der verzweifelten
Suche nach Arbeit. Er findet Arbeit in den Kohlen-
minen von Montsou und schließt sich der Arbeiter-
familie Maheu an. Nachdem die Minengesellschaft
die Löhne senkt, wird er treibende Kraft in einem
Monate währenden Streik, der kläglich scheitert.
Nach dem Scheitern des Streiks verlässt Étienne
Lantier die Ansiedlung der Minenarbeiter wieder.
Die Geschichte des Streiks läuft parallel zu der Lie-
besgeschichte zwischen Étienne Lantier und der
Maheu-Tochter, Catherine. In einem dramatischen
Finale tötet Étienne seinen Rivalen um die Gunst
Catherines, der natürlich auch als Opponent des
Streiks dargestellt wird. Catherine stirbt melodra-
matisch in den Armen Étiennes, als beide in der
Grube eingeschossen werden als Folge eines Sabo-
tageaktes des Anarchisten Souvarine gegen die
Mine.

Die Charakterbeschreibungen bleiben schematisch. Selbst eine Hauptgestalt wie Étienne Lantier

bleibt eigenartig blass. Zumindest wird eine Entwicklung seinerseits aufgezeigt. Seine anfängliche Naivität gegenüber den Verhältnissen verändert sich: Lektüre und Einfluss des Anarchisten Souvarine führen zu der Entwicklung eines politischen Bewusstseins und Engagements durch Étienne. Seine besondere Stellung im Vergleich zu den anderen Arbeitern wird auch dadurch unterstrichen, dass er Triebverzicht leistet, weil er sich von der Promiskuität seiner Umgebung distanziert und selbst gegenüber seiner großen Liebe, Catherine, seine Gefühle und Triebe bis zur Todesszene zurückhält. Trotz Zolas Tendenz zur Schematisierung von Personen wird Étienne keineswegs als Lichtgestalt beschrieben und der korrumpierende Einfluss der Macht wird zumindest angedeutet:

> *Von da vollzog sich bei Étienne eine langsame Umwandlung. Es erwachte in ihm der Sinn für eine bessere Lebensführung, der in seiner Armut geschlummert hatte. Er kaufte sich Kleider und ein paar feine Stiefel. Mit einem Schlage wurde er Führer. Das ganze Dorf scharte sich um ihn. Es war eine köstliche Befriedigung der Eigenliebe. (Zola 1974:201)*

Étienne genoss den Rausch seiner Popularität.
(Zola 1974:333).

Étiennes symbolischer Aufstieg in die Mittel-
schicht bleibt jedoch unvollendet. Er wird nur
scheinbar zum Bildungsbürger, seine Lektüre ist
nur bruchstückhaft verstanden (Barbéris 1989:95).

Was Étienne nun zu Catherine hinzieht, bleibt
schleierhaft. Die fünfzehnjährige Catherine erscheint trotz ihrer Freundlichkeit und Kameraderie,
die sie gegenüber Étienne zeigt, als eher fremdbe-
stimmtes kleines Mädchen ohne besondere Vor-
züge, das sich der ihr gegenüber ausgeübten Gewalt unterordnet.

Étiennes Rivale um die Gunst Catherines, An-
tone Chaval, ist im Roman schlicht ein brutaler Bö-
sewicht, der sich nicht nur gegenüber Catherine wie
ein Schwein benimmt, sondern auch als Verräter
am Streik erscheint. Hier wird alles in Zolas Psychologie wieder Licht oder Finsternis.

Unter den zahlreichen anderen Romangestalten
sind zwei von einem gewissen Interesse, da sie etwas aus der schematischen Schwarz-Weiß-Psycho-
logie Zolas herausragen: Zum einen die Maheude
und zum anderen Souvarine. Die Maheude, die

Muttergestalt der Arbeiterfamilie Maheu, erscheint in der Tat als Nebenheld: eine Frau, die trotz ihres Alters nach dem Ende des Streiks Arbeit in der Mine annimmt, um ihre Kinder ernähren zu können. Etwas ist mit ihr geschehen, eine mentale Veränderung hat stattgefunden:

> *Sie hatte die Ruhe einer vernünftigen Frau wiedergewonnen und beurteilte die Dinge sehr umsichtig. Es würde den Spießbürgern kein Glück bringen, so viele arme Leute getötet zu haben (Zola 1974:603).*

Auch in ihrer Darstellung wird der sexuelle Triebverzicht als potentieller Bestandteil von gefestigten Persönlichkeiten angedeutet:

> *Man sagte, dass ich mit dir schliefe... Aber heute ist mir lieber, dass es nicht geschehen ist: denn wir würden gewiss Reue darüber empfinden (Zola 1974:604).*

Souvarine, der Anarchist, der am Ende die Mine in die Luft jagt, nimmt auch eine Sonderstellung in der Galerie der Personen des Romans ein. Trotz seiner Feindschaft gegenüber der Minengesellschaft betrachtet er den Streik als Dummheit. Seine Ablehnung der Verhältnisse ist in einem bestimmten

Sinne radikaler als die der Minenarbeiter. Es ist schließlich Souvarine, der wirklich vollendete Tatsachen schafft, in dem er die Mine sprengt. Auch hier erscheint es kein Zufall, dass die eher androgyne Natur Souvarines (sein Fernbleiben von der Promiskuität der Umgebung) ihn als politisch bewussten Täter prädestiniert. Die Schwäche in der psychologischen Charakterisierung bzw. die psychologische Unglaubwürdigkeit Souvarines hängt damit zusammen, dass die Gestalt eher als Sprachrohr von Ideen erscheint, denn als Person von Fleisch und Blut. Man erweist Souvarines Darstellung sicher zu viel Reverenz, wenn man den anarchistischen Außenseiter als dämonisch getriebenen Menschenschlächter charakterisiert (Steinbeiß 2003). Wir sind doch fern vom großen wirklichen Künstler der Dämonen, Dostojewski.

Mancher Leser führt Zolas Schwäche in der Darstellung von Personen auf die Vielfalt der Romangestalten in *Germinal* zurück (Roof Beam Reader 2012:3). Eine solche Interpretation überzeugt nicht. Zahlreiche Gegenbeispiele ließen sich aus der Literatur anführen, zum Beispiel Robert Musils Roman *Der Mann ohne Eigenschaften*, wo die erstaunliche Anzahl der Romangestalten keineswegs zu psychologischer Flachheit führt.

Symbolik

Interpreten haben viel intellektuelle Brillanz darauf verwendet, die Symbolik in Germinal zu deuten. Binäre Gegensätze durchziehen das ganze Werk. Die grundlegende Dichotomie zwischen Kapital und Arbeit wird auf vielen unterschiedlichen Ebenen widergespiegelt: Nahrung, Wohnverhältnisse, physisches Erscheinungsbild der Personen und Sprache (Duchet 1976:15), Fortbewegungsmittel: die Armen zu Fuß, die Reichen im Fuhrwerk (Petrey 1976:63). Räumlich zeigt sich die grundlegende Geteiltheit zwischen Kapital und Arbeit nicht nur im Gegensatz von unten (unter der Erde) und oben, sondern auch in der Intimität, die der Raum den Bürgern ermöglicht: geschlossene Räume, die Privatheit zulassen, im Kontrast zu den beengten, mithin überfüllten räumlichen Verhältnissen der Arbeiter (siehe auch die noch viel weiter gehende Deutung topographischer Elemente in Mitterand 1985).

Die Symbolik überträgt sich auch auf andere Bereiche. Die Sozialstruktur korreliert mit Licht und Schatten sowie mit physischen Eigenschaften: Arbeiter haben rote oder rot-gelbe Haare, während

Bürger blonde Haare haben (Mitterand 1972:162). Auch die Farbsymbolik (schwarz /rot) spielt eine Rolle im Roman: Schwarz trägt alle negative Konnotationen (assoziiert mit den Themen: Hunger, Kälte und Leiden), Rot hingegen erscheint als das Symbol der individuellen und kollektiven Gewalt (Dran 1993). Die fortwährende Faszination, die *Germinal* ausübt, ist nicht zuletzt auch auf die den ganzen Roman durchziehende Symbolik zurückzuführen, die vielem Geschehen seinen mythischen Charakter verleiht.

Frauen und Kinder

Die Darstellung der Frauengestalten in *Germinal* unterliegt gleichfalls den binären Gegensätzen, die der Autor im Roman konstruiert. Frauengestalten wie Catherine und Cecile Grégoire, die reiche Bürgerstochter, dienen in ihrer Darstellung auch dazu, den Gegensatz zwischen der fremdbestimmten Arbeiterin und der verwöhnten Tochter aus gutem Hause zu akzentuieren (siehe auch Aguilar 2005).

Aber Zolas Frauen weisen neue Züge auf, die so noch kein gängiges Topos in der Literatur waren: Die Frau lebt ihre Sexualität ungehemmt aus und widersteht der männlichen Unterdrückung (so Moquette, die ihre Liebhaber wie andere das Hemd wechselt); und die Frau wird gewalttätig in politischer Aktion (die Kastrierung des toten Maigrat). Catherine hingegen wird ganz als die traditionelle unterwürfige Frau geschildert, die der physischen Gewalt ihres Liebhabers nichts entgegenzusetzen wagt. Zwei Frauentypen scheinen jedoch abwesend zu sein in Zolas Roman: die Frau als Engel und die Frau als Dämon (Studeničová 2010: 27). Weder Frauen noch Kinder sind vor sexuellen Übergriffen geschützt. Catherine wird vergewaltigt und akzeptiert dies als normal. Frauen sind Gebärmaschinen und Kinder das Produkt frühzeitiger sexueller Aktivitäten. Sex ist ein physischer Akt, der jeglicher Romantik entbehrt. Obwohl Zola manche Frauen auch als selbstbestimmte Akteure beschreibt und Romangestalten wie die Maheude in ihrem Überlebenswillen und ihrer intellektuellen Entwicklung Eindruck hinterlassen, so entlarven die Parallelen, die Zola zwischen Frauen und Tieren zieht, seine Unfähigkeit, Konzepte der Unabhängigkeit der Frau zu benutzen, um traditionelle Rollenvorstellungen endgültig zu überwinden (Hennessy 2002:177).

Keine Überraschung, dass in dieser Welt Dominanzbeziehungen zwischen Männern und Frauen von Kinder kopiert werden, sowohl was die frühe sexuelle Aktivität angeht als auch was die Dominanz-Beziehung angeht (so die Beziehung zwischen Lydie und Bébert). Zolas misanthropische Darstellung des animalischen Aspektes von Frauen (im Sinne von Gebärmaschinen) findet ihre Parallelen in der entmenschlichenden Beschreibung des elfjährigen Jeanlin, dessen affenartige Aspekte hervorgehoben werden (Abi-Aad 2000:158).

Gewalt

Gewaltdarstellungen durchziehen den ganzen Roman. Eltern schlagen ihre Kinder, Männer schlagen ihre Frauen oder vergewaltigen sie und Kinder kämpfen die ganze Zeit miteinander (Hallaran 1971:61). Ein Kind begeht einen Mord und selbst der positive Held, Étienne Lantier, wird unter dem Einfluss von Alkohol zur brutalen Bestie. Gewaltdarstellungen halfen offensichtlich auch dem Verkaufserfolg des Werkes (Shantz 1970:7). Aber selbst für den nicht zimperlichen Feuilletonroman des vorigen Jahrhunderts waren einige von Zolas Gewaltdarstellungen nicht akzeptabel. Die Zeitschrift *Gil Blas*, in der der Roman in Fortsetzungen veröffentlicht wurde, zensierte die berühmte Kastrationsszene, in der die aufgebrachten Arbeiterfrauen das Geschlechtsteil des tödlich verunglückten Ladenbesitzers Maigrat auf einen Stock aufsetzen und triumphierend zur Schau stellen.

Gewalt ohne Grund oder direkten Anlass wie der Mord, den der jugendliche Jeanlin verübt, und die spontane Erdrosselung Céciles durch den fast paralytischen alten Bonnemort können wohl als verkaufsfördernde Strategien aufgefasst werden, die beabsichtigt oder unbeabsichtigt die Sympathie für die Arbeiter und ihre Sache beeinträchtigen.

Schlussbetrachtungen

Zurück zur Frage des Anfangs. Ist Germinal große Literatur? Große Literatur wäre Literatur, die allgemeingültige Botschaften des Sinns verkünden könnte. Dies hieße auch, dass ein Roman über seinen bestimmten zeitgebundenen Zusammenhang hinaus etwas anspricht oder ausspricht, das etwas über die conditio humana verrät. Wenn dies der Test großer Literatur ist, besteht *Germinal* ihn nicht. Georg Lukacs Bemerkung in seinem Werk *Die Theorie des Romans* deutet es an (2009:37):

> ...die Zolasche Monumentalität ist nur die monotone Ergriffenheit vor der vielfältigen und doch übersichtlichen Verzweigung eines soziologischen Kategoriensystems, das das Leben seiner Gegenwart vollständig zu begreifen sich anmaßt.

Germinals letztendlich trivialer Charakter ist weniger auf die Zeitgebundenheit bestimmter politischer Auffassungen zurückzuführen, da die mythischen Elemente des Romans vollkommen ausgereicht hätten, um dem Werk einen universalen Geltungsanspruch zu geben, als vielmehr auf die Flachheit der Personen und letztendlich die Trivialität ihres Innenlebens. Die innere Leere der Gestalten Zolas in *Germinal* weist das Werk trotz seiner unbestrittenen handwerklichen Geschicklichkeit im Aufbau als zeitgebundene Belletristik aus, der das sichere Gespür für Takt und Geschmack abgeht. Die Grellheit der Gewaltszenen ist nur ein Beispiel für viele andere, die dies unterstreichen.

Das Fehlen einer differenzierten Beschreibung und Analyse des Innenlebens der Personen in *Germinal* ist letztendlich verbunden mit der Philosophie Zolas, die zumindest teilweise Werte und Ideen des kolonisierenden Imperialismus aufnimmt - ein Ethos der Entindividualisierung des Menschen im Dienst von Rasse und Wirtschaftswachstum (Schulz-Buschhaus 1976?:14). Zolas politischer Linksliberalismus, wie er in *Germinal* aufleuchtet, findet in der Versöhnungsszene zwischen Étienne und dem Ingenieur nach erfolgreicher Rettung ihr geeignetes Symbol. Es ist in keiner Weise überraschend, dass das, was Kurz das kategoriale Gefängnis der kapitalistischen Marktwirtschaft (2009:270) nennt, von Zola nicht verlassen wird.

Was bedeutet nun die Tatsache, dass ein Werk der Trivialliteratur des 19. Jahrhunderts weiterhin als politisches Symbol benutzt werden kann? Es sagt vermutlich viel über den profunden politischen und kulturellen Konservatismus der sogenannten Linken im Allgemeinen und der französischen Gesellschaft im Besonderen aus. Der Verdacht ist wohl auch nicht ganz von der Hand zu weisen, dass selbst die zahlreichen Interpretationen des Werkes, die von den offensichtlichen sozialen und politischen Aspekten abstrahieren, *Germinal* implizit eine Bedeutung zugestehen, die die misanthropischen, klischeehaften und entwürdigenden Darstellungen von Menschen einfach übersieht.

Weit davon entfernt, ein Werk einer existentiellen oder wenigstens grundsätzlichen politischen Revolte zu sein, erscheint *Germinal* als Apologetik der Arbeitsgesellschaft, in der die Brutalität und Primitivität kruder enthumanisierender deterministischer Theorien des 19. Jahrhunderts das ideologische Vorspiel zu den Massenmorden des 20. Jahrhunderts abgeben. Für dieses Jahrhundert, in dem 19000 nukleare Sprengköpfe, die fortschreitende und sich beschleunigende unwiederbringliche Zerstörung natürlicher Lebensgrundlagen und der totalitäre Diskurs der Spaß- und Mediengesellschaft

die Autonomie und Würde der Person vergewaltigen und ihr baldiges Ende ankündigen, hat Émile
Zolas Roman Germinal keine Botschaft.

Bibliographie

Abi-Aad, Élias. Les affreux jojos de „Germinal". Ashtaroût No.3 (septembre 2000), hors série: 150-158.

Aguilar, Alma Rosa. Heroínas naturalistas: *Germinal* de Émile Zola. Letras 37 2005: 95-113.

Ahlberg, Jenny. La situation économique au temps de *Germinal*. Une étude comparative de la condition des mineurs et de la situation de la compagnie minière dans le roman aussi bien que dans la réalité. University of Halmstad, Halmstad 2008.

Aliaga-Buchenau, Ana-Isabel. Reading as the Path to Revolt? Émile Zola's *Germinal*. www2.unca.edu/postscript.postscript 20/ps20.3pdf.

Anonymer Rezensent. In Süddeutsche Zeitung 28.09.2002.

Aydin,İlker. Présentation du bourgeois et des mineurs dans Germinal de Zola. Dil ve Edebiyat Dergisi Vol. 2, No.2, 2005: 1-12.

Bachleitner, Norbert. Der englische und französische Sozialroman des 19. Jahrhunderts und seine Rezeption in Deutschland. Internationale Forschungen zur allgemeinen und vergleichenden Literaturwissenschaft, 1993, Amsterdam (Rochopi).

Barbéris, Jeanne-Marie. La voix du grand absent: la parole du Peuple dans Germinal. In: Littérature No.76, 1989: 89-104.

Barthèlemy, Guy. La foule et le romanesque de la dégradation dans Germinal. 2ème partie. 1993. Travaux du lycée collège Marcel Gambier.

Bernhardt, Rüdiger. Zum 100. Todestage Émile Zolas am 28.September. Unübertroffene Gesellschaftsanalyse. Unsere Zeit 27. September 2002.

Birchall, Ian. Zola for the 21st century. International Socialism Journal Winter 2002, Issue 96.

Bleibtreu. Karl. Berliner Briefe III. Zola und die Berliner Kritik. In: Die Gesellschaft Vol.1, 1885: 463-471.

Bognár, Zsuzsa. Trivialliteratur in der Presse. In: Zoltán Szendi (ed.) Einführung in die Trivialliteratur 194-205. 2004 Budapest.

Bondarenco, Anna. Les catégories de l'intensité et de la quantité dans *Germinal* d'Émile Zola. Revistă științifică Universitatea Liberă Internaționată din Moldova Vo.1/2 2007: 107-117.

Brians, Paul. Study questions for Zola's *Germinal*. Department of English, Washington State University, 2005.

Correspondant local. Somero-Ronchamp (Haute-Saône): Un ouvrier tué au travail. Lutte Ouvrière, 3 Septembre 2004, No.1883.

Davoine, Jean-Pierre. Métaphores animales dans "Germinal". Études françaises Vol.4, No.4 1968: 383-392.

Dran, Christine. Le Rouge et le Noir dans Germinal, 1993. In : Travaux du lycée collège Marcel Gambier.

Dreher, Luis H. Naturalismo e Religião: O Germinal de Émile Zola. In: Eduardo Gross (ed.) Manifestações Literárias do Sagrado. Editoria UFJF Rio de Janeiro 2002: chapter 2.

Duchet, Claude. Le trou des bouches noires. Parole, société, révolution dans Germinal. In: Littérature No.24, 1976:11-39.

Engel, Manfred. Nachwort zu Rainer Maria Rilke 'Die Aufzeichnungen des Malte Laurids Brigge'. Stuttgart, Philipp Reclam Junior 1997: 319-350.

Essig, Rolf-Bernard. Émile Zola. In: Die Zeit 26.09.2002.

Ficarelli, Thomas Ribeiro A. Percepção Ambiental em três Contos da Obra de Émile Zola. Revista Anagrama, Vol.3 (2009), No.1: 1-13.

Fuller, Carol S. The Symbolic and Structural Function of Jeanlin. The French Review, Vol.54 (1980), No.1: 58-65.

Fuller, Carol S. The Infertile Rabbit: Ambiguities of Creation and Destruction in Germinal. Nineteenth Century French Studies Vol.10 (1982), No.3-4: 340-359.

Galois, Paul. Travail des enfants – 200 millions de prolétaires de moins de 14 ans. Lutte Ouvrière 25 juin 2010, Nr.2186.

Gallois, William. Émile Zola's forgotten History: *Les Rougon-Macquart*. French History 2005 Vol.19(1): 67-90.

Gely, C. Compte-rendu: Paul Lejeune 'Germinal, un roman anti-peuple. Romantisme Vol.9, No.25, 1979:250.

Gengembre, Gérard. <u>Germinal. Roman mythique, roman épique</u>. 1994, St. Cloud.

Girard, Marcel. Positions politiques d'Émile Zola jusqu'à l'affaire Dreyfus. <u>Revue française de science politique</u>. Vol.5 , no.3, 1955: 503-528.

Girard, Marcel. Les "baignades" d'Émile Zola. In: <u>Cahier de l'Association international des études françaises</u>. 1972 Vol.24: 95-111.

Girard, Marcel; d'Hermies, Vlasta. Émile Zola devant la critique tschèque. <u>Revue des études slaves</u> Vol.26, fascicule 1-4, 1950: 106-124.

Griffiths, Kate. Review of 'Explosive narratives: Terrorism and Anarchy in the works of Émile Zola. <u>French Studies: A Quarterly Review</u> Vol.68, No.1 January 2012: 99-100.

Grössel, Hanns. Der Roman als Sozialgeschichte. In <u>Die Zeit</u> 10.09.1976.

Gutiérrez Estupiñán, Raquel. Review von Denis Bertrand 'L'Espace et le Sens. Germinal d'Émile Zola'. <u>Semiosis</u>, enero-junio, Vol.24 1990: 261-266.

Hallaran, Ian Kim. The working-class as portrayed in the *Rougon-Maquart* series by Émile Zola. Theses and Dissertations (Comprehensive) Paper 1134, MA thesis Waterloo Lutheran University, Waterloo 1971.

Hennessy, Susan. Bearing the Cross of Sterility. Childless Women of Les Rougon-Macquart. Journal of the Association for Research on Mothering Vol.4 (2002), No.2: 171-179.

Herrán, José Manuel González. La "cuestión social" en la literatura del realism-naturalismo: dos dramas de mineros (Germinal, de Émile Zola; Teresa, de Leopoldo Alas). Historia Contemporánea Vol.29 (2005): 785-801.

Hetzel, Ophélie. Du collectif à l'individuel, quel ordre pour l'amour? D'après une lecture de Germinal (E.Zola) et l'amant de Lady Chatterley (D.H.Lawrence). Revue des lettres et de traduction Vol.12 (2006): 253-266.

Köhler, Erich. Vorlesungen zur Geschichte der Französichen Literatur. Band 6.2 Freiburg im Breisgau 2006 (Universitätsbibliothek Freiburg im Breisgau).

Koeppen, Wolfgang. Nachwort zu Émile Zola *Germinal*. Stuttgart, Philipp Reclam Junior 1974: 611-622.

Kurz, Robert. Schwarzbuch Kapitalismus. Ein Abgesang auf die Marktwirtschaft. Frankfurt a. M, (Eichborn). 2009.

Laath, Erwin. Geschichte der Weltliteratur. Vol.2 München (Knaur) 1963.

Lambrecht, Horst. Fragen der Definition und Wertung in der Trivialliteratur. In: Zoltán Szendi (ed.) Einführung in die Trivialliteratur 7-124. Budapest 2004 (Bölcsész Konzorcium).

Le Blond-Zola, Denise. Zola et l'amour des bêtes. Cahiers Naturalistes 1956 (6): 284-308.

Lukács, Georg. Die Theorie des Romans. Ein geschichtsphilosophischer Versuch über die Formen der großen Epik. Bielefeld (Aisthesis). 2009.

Mikysková, Radka. Two faces of naturalism: Thomas Hardy's *Jude the Obscure* and Émile Zola's *Germinal*. Thesis University of Pardubice, Faculty of Arts and Philosophy 2008.

Mitterand, Henri. Le système des personnages dans "Germinal". Cahiers de l'Association internationale des études françaises Vol.24, 1972: 155-166.

Mitterand, Henri. Le roman et ses 'territoires': l'espace privé dans 'Germinal'. <u>Revue d'Histoire littéraire de la France</u>, Vol.85 (1985), No.3: 412-426.

Mitterand, Henri. La vision rouge de la Révolution. De Germinal à Thermidor. <u>Romantisme</u>, 1993, no.82. pp.3-16.

Mitterand, Henri. Zola à Anzin: Les mineurs de Germinal. <u>Travailler</u> Vol.7, No.1 2002: 37-51.

Mitterand, Henri. Préface. In: Dousteyssier-Khoze, Catherine and Welch, Edward (eds.) <u>Naturalisme et excès visuels: pantomime, parodie, image, fête</u>. Mélanges en l'honneur de David Baguley. 2009 Cambridge Scholars Publishing, Newscastle upon Tyne 2009: ix-xi.

Murto, Sinikka. <u>Some Female Types in the Novels of Émile Zola</u>. Theses and Dissertations (Comprehensive) Paper 1133, MA Thesis Waterloo Lutheran University, Waterloo 1968.

Nelson, Brian. Zola and the nineteenth century. In Brian Nelson (ed.) <u>The Cambridge Companion to Zola</u>: 1-10, Cambridge 2007, Cambridge University Press.

Nick's Review of Germinal. <u>Goodreads.com</u> 11 August 2012.

Outzen, Vagn. Rezension von Denis Bertrand: L'espace et le sens. Germinal d'Émile Zola. <u>Revue Romane</u> (1987) Vol.22, No.1.

Petrey, Sandy. Discours social et littérature dans Germinal. In: <u>Littérature</u> No.22, 1976: 59-74.

Pintilei, Daniela. <u>Les Rougon-Macquart entre Mythe et Légende. 195-201</u> in Boldea, Iulian (ed.) 'Comunicare, Context, Interdisciplinaritate'. Editura Universităţii 'Petru Maior', Târgu-Mureş, 2010.

Ratcliffe, Ruth. Workers lives still expendable. <u>Green Left Weekly</u> 14 August 2002, issue 504.

Ritte, Jürgen. Germinal. In: <u>dradio.de</u>. 29.09.2002.

Roofbeamreader.com. <u>Review: Germinal by Émile Zola</u>. 5 July 2012.

R.V. 1885. Durchs Jahrhundert des Romans. In: <u>Frankfurter Allgemeine Zeitung</u> 09.04.1996.

Sandford, Luke Heston. <u>Aspects of Eros in Émile Zola's Germinal</u>. MA Thesis, University of British Columbia, Vancouver 1990.

Sandy, Petry. Discours social et literature dans Germinal. In: <u>Littérature</u> No.222, 1976:59-74.

Schulz-Buschhaus, Ulrich. Zola, Adorno und die Geschichte der nichtkanonisierten Literatur. Anmerkungen zu H.-J. Neuschäfers *Populärromane im 19. Jahrhundert*. 1976, Graz, Institut für Romanistik, Karl-Franzens-Universität Graz.

Scurr, Ruth. Rereading Zola's Germinal. The Guardian. 19 June 2010.

Shantz, Brenda Colleen. Violence in the Novels of Émile Zola. MA Thesis Wilfried Laurier University, Paper 1132 Ann Arbor 1970.

Staff blogger. Red Reads: 11-20, In: New Statesman 6 August 2009.

Steinbeiß, Joseph. Das Ende der Polarnacht. Le Poulpe oder der triviale Charme der Anarchie. In: Graswurzelrevolution No.276, Februar 2003.

Stessl, Birgit. Aspekte der Hygiene in der französischen Literatur des 19.Jahrhunderts anhand der Werke *Germinal* und *l'Assommoir* (Émile Zola) sowie *Madame Bovary* (Gustave Flaubert), Diplomarbeit, Institut für Romanistik, Karl-Franzens-Universität Graz, Graz 2009.

Studeničová, Hana. Les portraits et les rôles des personnages féminins dans l'œuvre d'Émile Zola. Univerzita Palackého v Olomouci, Olomouc 2010.

White, Jerry. Report on US mine disaster: An indictment of American capitalism. 26 May 2011. In: World socialist website.

Wikipedia (French edition). Germinal. January 2013.

Zola, Émile. Germinal. Philipp Reclam, jun. Stuttgart 1974

Über den Autor

Volker Welter, geboren am 13. Juli 1956 in Innsbruck (Österreich), aber aus Neigung und vom Familienhintergrund her Saarländer. Studium der Volkswirtschaft, Psychologie, Philosophie und Kulturanthropologie in Saarbrücken, London und München mit Stipendien des Freistaates Bayern, des British Council und der Studienstiftung des deutschen Volkes.

Einige Aufsätze in wissenschaftlichen Zeitschriften (Paideuma, Anthropos, Journal of Public Procurement). Drei Buchveröffentlichungen (Co-Autor): Deutschland im Urteil afrikanischer Lehrer, 1986; Verwandtschafsterminologie und Sozialorganisation, 1988 und Wanderarbeit in Basutoland zwischen 1870 und 1910, 1989.

Seit 1988 tätig mit dem Entwicklungsprogramm der Vereinten Nationen in Burundi, Myanmar, Bangladesch, Äquatorial-Guinea, Burkina Faso, Rwanda, Liberia, Papua Neu-Guinea, USA und gegenwärtig in Dänemark.

Immer noch davon überzeugt, dass die Welt besser werden und Literatur dabei helfen kann.

Zeitfracht Medien GmbH
Ferdinand-Jühlke-Straße 7
99095 Erfurt, Deutschland
produktsicherheit@kolibri360.de